HTML für Einsteiger

Wie Sie die Grundlagen von HTML 5 leicht verstehen und Schritt für Schritt eine erste Webseite aufbauen und gestalten

Timo Freitag

INHALT

Das erwartet Sie in diesem Buch

Milliarden von Menschen nutzen täglich das Internet, um sich zu entspannen, weiterzubilden oder um Spaß zu haben. Das Internet bietet beinahe unendlich viele Möglichkeiten und einer der wichtigsten Bausteine des Internets sind Websites. Man mag nun meinen, es wäre schwer, eine solche Website zu erstellen, dabei ist die Basis einer Website, nämlich HTML, weder schwer zu verstehen noch zu erlernen. Mit diesem Buch werden Sie an das Thema HTML herangeführt und lernen nicht nur, was HTML eigentlich ist und wofür man es benutzt, sondern werden Schritt für Schritt HTML-Code schreiben und damit arbeiten. Hierfür wird es immer einen Theorieteil geben, welcher eine neue Funktion behandelt und erklärt, woraufhin Übungen folgen werden. Diese dienen dazu, das Gelernte direkt anzuwenden und dabei erste Erfolge zu erleben.

Die Übungen werden teilweise auch Lösungen beinhalten, welche Sie mit Ihrer Version vergleichen können. Sie werden Stück für Stück begleitet, sodass, falls Fehler auftreten sollten oder wenn Sie sich nicht sicher sind, Sie immer eine Lösung finden werden. Alle Aspekte, welche zum Verständnis wichtig sind, werden ausführlich und sorgfältig erklärt, sodass Sie am Ende auch wirklich wissen, was Sie tun. Am Ende dieses Ratgebers werden Sie die Grundlagen von HTML beherrschen und in der Lage sein, eine einfache Website zu erstellen. Diese kann aus Texten, Bildern oder Videos bestehen und wird, wenn Sie das wollen, für Menschen auf dem ganzen Planeten frei zugänglich sein. Außerdem werden Sie mit Ihrem Wissen auch andere Websites untersuchen und besser verstehen können.

HTML – Die Grundlage des Internets

WAS IST HTML?

Grundlegend steht HTML für Hypertext Markup Language, was auf Deutsch Hypertext Auszeichnungssprache bedeutet. Ein Hypertext hat im Vergleich zu einem normalen Text nicht nur Wörter, welche der Leser zu Gesicht bekommen soll, sondern auch zusätzliche Anweisungen. Diese Anweisungen können dabei beispielsweise ein Verweis auf einen anderen Text per Hyperlink sein oder auch einfach nur, dass ein Wort *kursiv* oder **fett** gedruckt auf dem Bildschirm des Lesers erscheinen

soll. Um dies zu ermöglichen, benutzt man dann sogenannte Auszeichnungssprachen, wie z. B. HTML.
HTML ist dafür gedacht, Texte, Bilder oder andere Elemente zu strukturieren. Die visuelle Darstellung ist allerdings nicht der Schwerpunkt von HTML. Möchte
man seinen Text also beispielsweise farbig gestalten,
so würde man dies nicht mit HTML tun.

HTML-Dokumente sind also Dateien mit Inhalt
und Anweisungen, wie dieser Inhalt strukturiert werden soll. Ruft jemand nun die auf dem HTML-Dokument basierende Website auf, so stellt der Browser auf
Basis der Anweisungen und des Inhalts die Website zu-
sammen. Dies ist kein einheitlicher Prozess, was bedeutet, dass verschiedene Browser dieselbe Website
unterschiedlich darstellen können. Dies ist darin begründet, dass HTML keine direkten Anweisungen gibt,
sondern nur strukturierende. Einfacher gesagt bedeutet das, dass man mit HTML zwar festlegen kann, dass
etwas eine Überschrift sein soll, welche Schriftgröße
diese Überschrift dann haben soll, im Vergleich zum
normalen Text, entscheidet aber der Browser durch die
Einstellungen seiner Entwickler. Da man sich mittlerweile größtenteils auf Standards geeinigt hat, sind die
Unterschiede in den meisten Browsern allerdings nicht
sonderlich groß.

HTML-Dokumente sind die Basis des World Wide
Web und wurden als Teil dessen erfunden. Die erste

Version von HTML erschien 1992 als Ergebnis eines Projekts des Forschungsinstituts CERN. Das Projekt sollte es ermöglichen, die Ergebnisse der verschiedenen Wissenschaftler einfacher füreinander erreichbar zu machen, und schuf somit die Grundlage für das World Wide Web. Über die vergangenen Jahrzehnte wurde HTML immer weiter entwickelt und ist daher auch heute noch eine der wichtigsten Grundlagen des Internets.

Der Entwickler von HTML war Tim Berners-Lee, welcher auch das HTTP-Netzwerkprotokoll entwickelte und generell einiges zur Entwicklung des heutigen Internets beitrug und -trägt. Nach der Veröffentlichung des Projekts wurde dieses nicht patentiert, was der Grund ist, warum das Internet heutzutage frei benutzbar ist. 1994 wurde dann von Berners-Lee das World Wide Web Consortium, auch kurz W3C, gegründet. Die Organisation versucht, Standards zu erstellen, an welche sich die verschiedenen Unternehmen des Internets halten können. Es geht hier darum, wie HTML genutzt und von Browsern interpretiert werden soll.

Hierfür werden immer wieder neue Grundregeln geschaffen, welche die Einfachheit und Zugänglichkeit des Internets für alle Nutzer erhalten soll. Die Vorgaben des W3C werden zwar von vielen anerkannt, sie sind aber keine Verpflichtung. Die Weiterentwicklung von HTML wird allerdings nicht von W3C, sondern von der Web Hypertext Application Technology Working Group, oder auch WHATWG, betrieben. Die WHATWG wurde gegründet, da die Entwicklung von Standards durch das W3C nur sehr langsam verlief und man diesen Prozess beschleunigen wollte.

Die beiden Organisationen arbeiten aber nicht gegen, sondern miteinander. Sie stehen in engem Kontakt und versuchen gemeinsam, HTML und auch andere Technologien weiterzuentwickeln. Das W3C ist eine eigenständige Organisation, allerdings gab es in der Vergangenheit öfter Kritik. Nicht nur aufgrund der langen Entwicklungszeit neuer Standards, sondern auch aufgrund der Beeinflussungen großer Unternehmen, welche die Neutralität des W3C gefährden. Besondere Kritik wurde laut, als das Bearbeitungsrecht für den HTML5-Entwurf, was der heutige Standard ist, allein bei dem Google-Mitarbeiter Ian Hickson lag. Normalerweise sind die Spezifikationen und Normen, welche das W3C erstellt, auf demokratischer Basis entschieden. Mit dem alleinigen Recht, was Ian Hickson besaß, wurde dieses Konzept ausgehebelt.

Zusammenfassend ist die Historie von HTML stark mit der W3C und der WHATWG verbunden. Über die Jahre, in denen sich das World Wide Web, aber auch das ganze Feld der Informatik, weiterentwickelt hat, musste sich auch HTML weiterentwickeln.

Früher war HTML allein für das Aussehen von Internetseiten verantwortlich. Heute ist es lediglich der Grundstein, auf dem alles andere aufbaut. Die meisten Funktionen, die HTML an bestimmten Punkten besaß, existieren zwar noch, werden aber nicht mehr verwendet, da beispielsweise über CSS und JavaScript wesentlich bessere Lösungen zur Verfügung stehen.

Diese Funktionen werden allerdings immer noch beibehalten, da man so garantiert, dass auch ältere Websites ohne Neuerungen weiterhin funktionieren. Es ist allerdings trotzdem ganz und gar nicht unnötig, HTML zu lernen, denn HTML, CSS und JavaScript sind heutzutage nur noch schwer voneinander zu trennen. Als Einstieg ins Webdevelopment sind die Grundlagen von HTML notwendig und wer sich mit dem Thema und den weiteren Komponenten, aus welchen man Seiten bauen kann, nicht weiter beschäftigen will, der kann auch mit HTML noch immer sinnvolle und praktische Websites bauen.

WAS KANN ICH MIT HTML ERREICHEN?

Mit HTML allein kann man schon einfache Websites strukturieren und auch gestalten. HTML bietet den Einstieg zu allem, was mit dem Web zu tun hat, und ist der Grundstein, auf dem noch heute sehr vieles basiert, daher sollte man HTML lernen und verstehen, bevor man sich mit anderen Dingen, wie Websites, beschäftigt. Man kann mit grundlegenden HTML-Kenntnissen schon sehr viele eigene Projekte starten und dann darauf immer weiter aufbauen.

Wie erstelle ich eine eigene Website mit HTML?

WAS BRAUCHE ICH, UM OPTIMAL FOLGEN ZU KÖNNEN?

D a dieser Abschnitt des Ratgebers nicht nur aus reiner Theorie besteht, sondern auch sehr viel Praxis enthält, sollten Sie darauf vorbereitet sein. Hierfür brauchen Sie folgende Dinge:

Einen **Laptop** oder **PC**, da man an diesen Geräten am besten mit HTML arbeiten kann und Tablets wie auch Handys für solche Projekte grundlegend eher ungeeignet sind. Es spielt hierbei keine Rolle, ob Ihr Computer alt oder neu ist, solange Sie irgendein Gerät besitzen, sollte dieses für die folgenden Aufgaben mehr als ausreichen.

Einen **Texteditor**, denn um HTML-Code zu schreiben, brauchen wir auch etwas, in das wir ihn reinschreiben können. Die meisten Betriebssysteme haben bereits einen Texteditor installiert. Sollte sich keiner auf Ihrem Gerät finden, so laden Sie einfach einen herunter. Hierbei tut es jeder beliebige Texteditor, wobei es auch Editoren gibt, welche noch zusätzliche hilfreiche Dinge enthalten.

Visual Studio von Microsoft bietet z. B. den Vorteil, dass verschiedene Elemente farblich voneinander abgetrennt werden und dass der Editor sofort erkennt, was für eine Art von Code Sie gerade schreiben möchten und automatisch die richtige Datei für Sie erstellt. Sollten Sie also keinen Texteditor haben oder es ausprobieren wollen, empfehle ich Ihnen *Visual Studio* einmal herunterzuladen. Sollten Sie den Texteditor Ihres Betriebssystems verwenden, dann wundern Sie sich nicht über das einfache Erscheinungsbild. Der Texteditor dient lediglich dazu, den notwendigen Code aufzuschreiben. Alles andere, was aus Ihrem Code eine Anwendung oder Website macht, übernimmt ein anderes Programm, was in manchen modernen Texteditoren schon integriert ist.

Einen **Browser**, wobei es sich hier anbietet, einen Browser wie *Mozilla Firefox* oder *Chrome* zu verwenden. Wir benötigen diesen, um unsere Aufgaben zu kontrollieren, denn diese können unsere HTML-Dokumente auslesen und uns anzeigen sowie das bei jeder Website, die wir öffnen, auch automatisch getan wird.

DIE GRUNDLEGENDE SYNTAX

Die meisten Elemente von HTML folgen dem gleichen Prinzip. Es gibt einen **Starttag,** danach kommt der **Inhalt**, abschließend kommt der **Endtag**. Dies passiert, wenn beispielsweise ein Text als kursiv dargestellt werden soll. Wenn ich einen Text als kursiv darstellen möchte oder nur ein einzelnes Wort im ganzen Text, muss ich diese Auswahl treffen können. Mit dem Start- und dem Endtag definiere ich also, an welcher Stelle meine Formatierung anfängt und wo sie wieder aufhört. Das sieht dann in HTML wie folgt aus:

```
<p>Dies ist ein Beispiel </p>
```

Was das p bedeutet und macht, lernen wir später, dies gilt für alle verwendeten Tags in diesem Abschnitt, da diese nur als Beispiele dienen sollen, um die Syntax zu verstehen. Die umschließenden Vergleichszeichen <> signalisieren, dass das Element beginnt und durch die

Vergleichszeichen mit dem Schrägstrich wird das Element beendet. In die Vergleichszeichen kommt dann eine spezifische Abkürzung für eine Anweisung, von welchen wir später noch einige kennenlernen werden. Wird diese Syntax nicht eingehalten, kann es zu sehr komischen Ergebnissen kommen, daher sollten Sie darauf achten, die Syntax nach Möglichkeit einzuhalten.

Man kann auch mehrere Tags ineinander verschachteln, aber auch hier gibt es ein paar Sachen zu beachten. Hier ist ein Beispiel.

<p>Dies ist ein <em>Beispiel</em> </p>

Wie man sehen kann, gibt es einen äußeren und einen inneren Tag. Diese Anordnung führt dazu, dass der äußere Tag für den gesamten Satz gilt, während der innere **em-Tag** nur für das Wort Beispiel gilt.

Würde man die Tags wie in folgendem Beispiel anordnen:

```
<p>Dies ist ein <em>Beispiel</p></em>
```

So wüsste der Browser nicht was er tun sollte, da der **em-Tag** von einem **p-Tag** umschlossen wird, ohne selbst abgeschlossen zu sein. In diesem Fall würde das dazu führen, dass der Browser praktisch raten würde, was das eigentliche Ziel Ihrer Anweisungen war, was zu unerwünschten Ergebnissen führen kann, daher sollte man bei der Verschachtelung von Tags immer darauf achten, dass sie in der umgekehrten Reihenfolge geschlossen werden müssen, in welcher sie geöffnet wurden. Falls Ihnen das schwierig vorkommt, so merken Sie sich einfach, dass ein Starttag oder ein Endtag niemals ohne den jeweils anderen innerhalb eines weiteren Elements stehen darf.

Eine weitere Unterscheidung, die wir hier treffen, sind die Elemente, welche keinen Endtag benötigen. Dies sind meistens die Tags, welche etwas in die Website einbauen, wie beispielsweise ein Bild oder ein Video. Hier wird kein Text strukturiert oder Ähnliches, es muss also auch keine Auswahl getroffen werden. Somit sind keine Endtags notwendig. Solche Tags werden später noch einmal behandelt, wenn es darum geht, ein Bild zu Ihrer Website hinzuzufügen.

Außerdem gilt es noch zu erwähnen, dass es bei Tags grundlegend egal ist, ob sie groß- oder kleingeschrieben werden. Sie können also <em>, <EM>, oder sogar <eM> schreiben und HTML wird die zugehörige Anweisung ausführen. Dennoch sollten Sie alles kleinschreiben, da es am einfachsten zu realisieren ist und die geringste Fehlerquote mit sich bringt.

WIE MANAGE ICH MEINE DATEIEN?

Im Verlauf der weiteren Schritte werden Sie nicht nur mit Texten, sondern auch mit Bildern und Videos arbeiten. Grundlegend stellt sich natürlich die Frage, wo auf Ihrem Rechner sich Ihre Website befinden sollte.

Am besten ist es, wenn Sie einen Ordner erstellen, welchen Sie an einem Ort platzieren, auf den Sie leicht zugreifen können, wie z. B. Ihren Desktop. Legen Sie dann zwei weitere Ordner in diesem Ordner an, welche Sie „images" und „videos" nennen. Grundsätzlich können Sie natürlich auch alles Deutsch benennen, aber da Ihre Website später vielleicht auch international verständlich sein soll und da die Sprache der Informatik Englisch ist, ergibt es nur Sinn, sich anzugewöhnen, seine Dateien mit englischen Titeln zu versehen.

Vermutlich ist Ihnen bereits aufgefallen, dass alle Datei- und Ordnernamen kleingeschrieben sind und das sollten Sie auch übernehmen. Die Begründung ist relativ simpel. Viele Programme machen einen Unterschied bei Groß- und Kleinschreibung, das heißt, dass wenn Sie eine Datei Bild1 nennen und dann später versuchen, dieses Bild mit bild1 aufzurufen, wird das nicht funktionieren. Gewöhnt man sich an, alles erst einmal kleinzuschreiben, umgeht man diese Fehler und erspart sich so viele unerwünschte Fehlermeldungen und

Probleme. Der Fall kann natürlich auch umgekehrt auftreten. Haben Sie ein Programm, welches keinen Unterschied zwischen Groß- und Kleinschreibung macht, und Sie wollen zwei verschiedene Dateien Bild1 und bild1 benutzen, so wird das Programm sie für dieselbe Datei halten, was genauso problematisch ist. Viele Programme arbeiten außerdem mit Unterstrichen oder dem Schrägstrich. Das bedeutet, dass Sie diese auch nicht verwenden sollten, denn ein Programm könnte Bild_1 z. B. für zwei Bilder halten, eins mit dem Namen Bild und eins mit dem Namen 1. Sie sollten sich also merken, dass es fürs Erste am besten ist, alle Dateinamen kleinzuschreiben, und wenn Sie doch mehrere Wörter zur Beschreibung Ihrer Datei verwenden möchten, so sollten Sie den Bindestrich benutzen, da dieser eher selten verwendet wird und damit kein Problem darstellen sollte.

Was man mit diesen verschiedenen Ordnern nun tun kann und wie man das Bild aus dem Ordner in den HTML-Code einbindet, wird später erklärt, wenn wir uns mehr mit Bildern und Dateien beschäftigen. Momentan ist es nur wichtig, dass die Ordner angelegt sind und wir eine gewisse Struktur in unser Projekt bekommen haben.

DEN ERSTEN TEXT DARSTELLEN

Öffnen Sie zunächst den Ordner und auch Ihren Texteditor. In Ihrem Texteditor öffnen Sie eine neue Datei und gehen auf „speichern unter". Sie suchen nun den Ordner heraus, welchen Sie vorhin erstellt haben, und wählen als Dateityp beim Speichervorgang HTML aus. Sie sollten nun eine Datei mit der Endung .html haben. Dies ist eine HTML-Datei und wird die Datei sein, welche den Text, die Anweisungen, die Bilder, Videos und alles andere zu Ihrer Website vereinigt.

Wählen Sie als Namen für die Datei nicht etwas Beliebiges. Der standardmäßige Name für eine solche Datei ist „index.html". Manchmal haben HTML-Dateien auch die Endung .htm, dies ist allerdings nichts, was Sie beunruhigen sollte. Die kürzere Endung kommt aus der Anfangszeit der Heimcomputer, denn bei den sogenannten Disc Operating Systems, oder auch kurz DOS, waren nur drei Zeichen als Endung erlaubt. Welche Schreibweise Sie verwenden, spielt keine Rolle, wobei Sie innerhalb dieses Ratgebers sowieso nicht in Schwierigkeiten kommen werden.

Öffnen Sie nun die Datei in Ihrem Texteditor und schreiben Sie einen Beispielsatz auf, dies könnte dann wie folgt aussehen:

Dies ist ein Beispiel

Speichern Sie die Datei und öffnen Sie diese mit einem Doppelklick. Unter Umständen wird Sie direkt von Ihrem Browser geöffnet, falls nicht, sollte ein Auswahlmenü erscheinen, bei welchem Sie Ihren Browser auswählen. Alternativ könnten Sie auch die Datei in ein bereits geöffnetes Browserfenster ziehen, was auch dazu führen wird, dass der Browser die Datei öffnet.

Sie sehen nun, dass der Browser exakt das wiedergibt, was Sie in das Dokument geschrieben haben. Da ein HTML-Dokument dem Browser beispielsweise Text zum Anzeigen gibt, welcher dann mit weiteren Anweisungen versehen werden kann, ist es nur logisch, dass der Browser auch reinen Text ohne Anweisungen ausgeben kann.

Gehen Sie nun zurück in Ihren Texteditor. Versuchen Sie, einen Absatz zu machen und in der neuen Zeile einen weiteren Satz zu schreiben. Speichern Sie und öffnen Sie die Datei erneut.

Wie Sie sehen, hat Ihr Browser keinen Absatz gemacht, sondern beide Zeilen zu einer kombiniert, mit einem Leerzeichen. Dies ist vollkommen normal. Es ist tatsächlich so, dass Sie Absätze, Leerzeichen, oder Ähnliches machen können, soviel Sie wollen, der Browser wird es immer so zusammenführen, solange Sie keine weiteren Anweisungen geben.

Ich bin

ein

    Beispiel

Wird also in Ihrem Browser zu:

Ich bin ein Beispiel

Sie können nun einen einfachen Text darstellen und haben grundlegend verstanden, dass Anweisungen notwendig sind, um den Text weiterzubearbeiten. Nun stellt sich also die Frage, wie wir einen Absatz in unseren Text bekommen und hier kommt nun endlich HTML ins Spiel.

WIE MACHE ICH EINEN TEXT ANSCHAULICHER?

Wenn wir also nun unsere beiden Sätze in unterschiedlichen Zeilen haben wollen, müssen wir eine Anweisung an den Browser geben, dies zu tun. Möchten wir also, dass etwas seinen eigenen Absatz hat, so markieren wir es mit dem Starttag <p> und dem Endtag </p>. Das p steht hierbei für „paragraph", was auf Deutsch Paragraf oder Absatz bedeutet.

Nehmen Sie nun Ihre beiden Beispielsätze und markieren Sie diese mit einem Start- und einem

Endtag, um sie in eine eigene Zeile zu rücken. Überprüfen Sie durch Ausführen der Datei, ob es funktioniert hat. Sie können danach mit der nun folgenden Lösung vergleichen.

```
<p>Dies ist ein Beispiel </p>
<p>Ich bin nicht in der ersten Zeile </p>
```

Ergebnis:

Dies ist ein Beispiel
Ich bin nicht in der ersten Zeile

Nun können wir unseren Text in Absätze einteilen, was uns eine grundlegende Struktur möglich macht. Es wäre natürlich praktisch, wenn wir einzelne oder mehrere Wörter hervorheben könnten, auch das können wir mit Tags erreichen. Wörter, welche mit dem Tag mit der Abkürzung „em" markiert werden, werden von Browsern meistens *kursiv* dargestellt und Wörter mit dem Tag „strong" werden meistens **fett** dargestellt.

```
<p> Ich bin <em>wichtig</em> </p>
<p> Ich bin auch <strong>wichtig</strong> </p>
```

Nun können Sie Texte in Absätzen darstellen und auch einzelne Wörter, welche wichtig sind, vom Text abheben. Jemand, der auf Ihre Seite kommt, möchte aber auch auf den ersten Blick wissen, worum es eigentlich auf Ihrer Seite und in den einzelnen Textabschnitten geht. Auch hierfür hat HTML Tags, welche für Überschriften stehen. Für die Hauptüberschrift verwenden Sie den Tag <h1> und soll eine Überschrift ein Unterpunkt dieser Hauptüberschrift sein, so wählen Sie <h2> für eine Überschrift, darunter <h3> bis maximal <h6>. Das bedeutet, Sie haben sechs verschiedene Größen, welche Sie wählen können. Wie viele Sie von einer Überschrift machen wollen, ist hierbei völlig Ihnen überlassen. Wenn es nicht notwendig ist, sollte man auf seiner Seite allerdings nicht die vollen sechs verschiedenen Überschriften gebrauchen, denn diese verwirren unter Umständen den Leser. Wie genau eine Überschrift in Ihrem Browser aussehen wird, kann wieder von Browser zu Browser unterschiedlich sein, da HTML dies nicht vorgibt.

Gehen Sie nun in Ihren Editor und erstellen Sie ein paar Überschriften in derselben Weise, wie Sie Absätze erstellt haben: mit den **h-Tags.**

Am besten probieren Sie ein wenig mit den Tags herum, damit Sie damit ein wenig warm werden. Vergessen Sie nicht, dass die Syntax für die richtige Darstellung Ihres Textes von sehr großer Bedeutung ist. Falls Sie an diesem Punkt noch Probleme mit der

Syntax haben, empfehle ich Ihnen, das Kapitel über die grundlegende Syntax noch einmal zu lesen.

Vielleicht möchten Sie auf Ihrer Website auch eine Auflistung von Sachen haben. Auch hierfür gibt es entsprechende Tags in HTML. Hierbei unterscheiden wir zwei Arten von Listen. Die erste ist eine normale Auflistung, wie wir sie z. B. bei einer Inventur anfertigen würden. Hier ein Beispiel:

```
<ul>
    <li>Schrauben</li>
    <li>Hammer</li>
    <li>Muttern</li>
    <li>Seil</li>
    <li>Heckenschere</li>
</ul>
```

Zunächst beginnt eine Liste mit dem Starttag <ul> und endet mit dem Endtag </ul>. Das „ul" steht hierbei für unordered list, also unsortierte Liste. Das bedeutet, dass die Reihenfolge keine Rolle spielt. Die einzelnen Objekte, welche wir in unsere Liste eintragen, werden dann selber noch einmal von einem **li-Element** umschlossen, um dem Browser zu zeigen, dass sie Teil dieser Liste sind. Wollen Sie eine Liste mit einer bestimmten Reihenfolge, so ändern Sie das **ul-Element** in ein

ol-Element. Hierbei steht „ol" für ordered list, also sortierte Liste:

```
<ol>
    <li>Aufräumen</li>
    <li>Hausaufgaben</li>
    <li>Kochen</li>
    <li>Buch lesen</li>
    <li>Schlafen gehen</li>
</ol>
```

Übernehmen Sie beide Listen in Ihr Projekt und sehen Sie sich den Unterschied im Browser an. Erstellen Sie nun ein paar eigene Listen, diese können beliebig lang sein.

Sie können nun Ihre Website strukturieren. Mithilfe von HTML können Sie nun ähnliche Texte produzieren, wie Sie es auch in einem Schreibprogramm wie Word könnten.

WIE ERSTELLE ICH LINKS ZU ANDEREN WEBSITES?

Wenn Sie auf eine beliebige Website gehen, so wird Ihnen sicherlich aufgefallen sein, dass jede Website Ihren eigenen bestimmten Link hat. Dieser funktioniert natürlich nur, wenn auf die Website aus dem Internet zugegriffen werden kann. Oftmals werden innerhalb von Websites über solche Links andere Websites verlinkt, sodass man nur auf die, oft blau dargestellt und unterstrichenen, Links oder Worte klicken muss und dadurch automatisch auf eine andere Website weitergeleitet wird. HTML bietet auch hier eine einfache Lösung:

```
<p>
     Ein Link zur
     <a     href="     https://www.google.com/">
Google-Startseite</a>
     </p>
```

Das **p-Element** kennen wir bereits, auffallend beim neuen **a-Element** ist, dass der Starttag relativ groß und nicht einheitlich ist. Dieser besteht aus dem typischen <a Anfang für einen solchen Tag, dann kommt die Abkürzung href, diese steht für Hypertext Reference, woraufhin ein Link folgt und der Starttag

geschlossen wird. Dieser Abschnitt enthält also den Link, zu welchem wir geführt werden wollen. Das, was im Inneren des **a-Elements** steht, sind dann nachher die Worte, auf welche man klicken muss, um auf die von uns angegebene Website weitergeleitet zu werden.

Übernehmen Sie das Beispiel und probieren Sie es aus. Wenn Sie alles richtig übernommen haben, sollte ein Klicken auf Google-Startseite Sie zur Google-Startseite weiterleiten.

Erstellen Sie nun einen eigenen Link zu einer Website Ihrer Wahl. Bedenken Sie bei der Auswahl der Wörter, welche im Text als Link dargestellt werden sollen, dass sie so griffig wie möglich das abbilden sollten, was sich hinter dem Link verbirgt. Tun Sie das nicht, so kann ein Nutzer nicht auf den ersten Blick erkennen, wohin der Link führt, was Ihre Seite weniger benutzerfreundlich macht. Außerdem muss auch bedacht werden, dass blinde Menschen sich den Text Ihrer Seite vorlesen lassen und um die Erfahrung für diese Nutzer zu optimieren, sollte jeder Link so platziert werden, dass offensichtlich ist, wohin dieser Link führt.

Sie können außer href auch noch andere sogenannte Attribute zu Ihrem Link hinzufügen. Fügen Sie das Attribut title hinzu, so können Sie eine Information angeben, welche der Nutzer sieht, wenn er mit der Maus über den Link geht. Hier ein Beispiel:

```
<p>Ein Link zur
    <a
    href=" https://www.google.com/"
    title="Klicke, um zur Suchmaschine Google
zu gelangen"> Google-Startseite </a>
    </p>
```

Wichtig hierbei ist zu erkennen, dass die Attribute aneinandergereiht werden. Sie dürfen auf keinen Fall die Anführungszeichen vergessen bei den einzelnen Attributen, denn ansonsten versteht der Browser Ihre Attribute nicht mehr als Reihe. Außerdem sollten Sie sich vor Augen führen, dass der Starttag des **a-Elements** erst nach allen Attributen geschlossen wird und auf keinen Fall vorher. Ansonsten wird der Browser keinen Link entstehen lassen.

Ein Link muss aber nicht zwangsläufig zu einer Website führen. Mit Sicherheit haben Sie dies auch schon selbst festgestellt, wenn Sie eine Datei aus dem Internet heruntergeladen haben. Oftmals wird auch hierfür ein Link genutzt. Sollten Sie eine Datei auf Ihrer Seite zum Herunterladen anbieten wollen, so fügen Sie zu Ihrem Link am besten das Attribut „download" hinzu. Bei diesem Attribut schreiben Sie in die Anführungszeichen einen Dateinamen mit passender Endung. Das heißt, wenn Sie eine HTML-Datei als

Download anbieten, so schreiben Sie „beispiel.html" in die Anführungszeichen. Klickt nun jemand auf den Download-Link, so wird die Datei mit dem Namen „beispiel.html" heruntergeladen.

Grundlegend kann jedes Element von HTML zu einem Link umgewandelt werden. Also auch Überschriften oder Bilder. Wie man ein Bild in einen Link verwandelt, wird später erläutert, wenn es um das Thema „Bilder einfügen in HTML" gehen soll.

Gehen Sie nun zurück in Ihr Projekt und fügen Sie mehrere Links ein, welche Sie am besten handschriftlich erstellen. Verlinken Sie mehrere verschiedene Websites und probieren Sie danach aus, ob Ihre Links auch wirklich funktionieren. Sie können auch ein Bild aus dem Internet verlinken, indem Sie mit einem Rechtsklick auf das Bild klicken und die Grafikadresse kopieren. Sie können die erhaltene Adresse nun in Ihrem Dokument als Link angeben und beim Klicken dieses Links wird man zum gewählten Bild weitergeleitet.

WAS SOLLTE MAN BEIM ERSTELLEN EINES NEUEN HTML-DOKUMENTS BEACHTEN?

HTML wird dazu benutzt, Websites zu erstellen und somit Informationen über die ganze Welt und viele verschiedene Browser zu verteilen. Damit dies möglich ist, muss ein HTML-Dokument eine gewisse Struktur aufweisen. Ich werde Ihnen nun die einzelnen Teile erklären, aber sehen Sie sich dafür zunächst einmal diesen HTML-Code an:

```
<!DOCTYPE html>
<html>
<head>
<meta charset="utf-8">
<title>Die Beispielseite </title>
</head>
<body>
<p> Ich bin <em>wichtig</em> </p>
<p> Ich bin auch <strong>wichtig</strong> </p>
</body>
</html>
```

Gehen wir nun die Struktur von oben herab einmal durch:

<!DOCTYPE html> ist kein HTML-Tag, sondern eine Information für den Browser, welche ihm mitteilt, welche Art von Datei er erwarten soll. In der Historie von HTML hat sich diese Deklarierung stark verändert. Während sie heute nur noch die Art der Datei angibt, welche folgt, beinhaltete sie früher Links zu

Regeln, welche der HTML-Code befolgen musste, um als guter Code zu gelten.

Das **html-Element** hat als Inhalt letztendlich alles, was am Ende Teil Ihrer Website sein soll. Es wird nach dem Doctype geöffnet und am Ende wieder geschlossen. Es enthält auch die Anweisungen, welche nicht auf der Seite abgebildet werden.

Im **head-Element** können Informationen gegeben werden, welche nicht direkt auf der Seite abgebildet werden. In unserem Fall wären das der **meta-Tag** und der **title-Tag**. Das **meta-Element** beinhaltet hierbei Informationen über die Daten der Website. In unserem Fall wird festgelegt, dass unsere Seite alle Zeichen des UTF-8-Formats verwenden kann, wodurch eine große Bandbreite an Buchstaben und Zeichen dargestellt werden kann. Sie könnten nun beispielsweise auch japanische oder chinesische Schriftzeichen auf Ihrer Seite verwenden. Möchten Sie eine weitere Information hinzufügen, so erstellen Sie einfach mehr **meta-Elemente**. Im **title-Element** steht, wie der Name schon sagt, der Titel unserer Website. Dieser wird dann auch als Name des Tabs angezeigt, wenn unser HTML-Dokument vom Browser dargestellt wird. Sollten Sie das Dokument als Lesezeichen anlegen, wird auch hier dieser Titel angezeigt.

Wichtig ist, dass nichts, was im **head-Element** steht, auf der Seite angezeigt wird, aber von

Suchmaschinen erfasst werden kann, daher lohnt es sich unter Umständen, den Namen des Verfassers einer Seite und ein paar Schlüsselwörter im **head-Element** als **meta-Tag** zu vermerken. Dies können Sie folgendermaßen tun:

<meta name="author" content="Max Mustermann">

<meta name ="keywords" content ="Auflistung von Keywords">

Das „name" steht hierbei dafür, welche Art von Metadaten enthalten ist. Stellt man sich das Ganze wie eine Frage vor, so erkennt man, dass „content" die Antwort parat hält. Die Frage wäre also "Wer ist der Autor?" und die Antwort wäre "Max Mustermann". Diese Metadaten anzugeben, kann in vielerlei Hinsicht wertvoll sein. Die „keywords" können beispielsweise Suchmaschinen benutzen, um Ihre Website bei bestimmten Suchanfragen anzuzeigen. Ein weiteres Beispiel wäre „description". Das heißt auf Deutsch „Beschreibung" und im „content" wird hier eine kurze Beschreibung Ihrer Website angegeben. Tun Sie dies, wird eine Suchmaschine wie Google diesen Text anzeigen, unter dem Link zu Ihrer Website, wenn Ihre Website bei einer Suche als Ergebnis auftaucht. Sie informieren damit den Suchenden, ob Ihre Website tatsächlich das enthält, was er mit seiner Suche erreichen wollte und machen damit Ihre Website benutzerfreundlicher.

Zuletzt haben wir noch den **body-Tag**. Das **body-Element** enthält alles, was nachher auf Ihrer Seite zu sehen sein soll, dies beinhaltet Text, Anweisungen, Bilder, Videos und vieles mehr. Wie Sie sehen können, können Sie Ihren bisherigen Code einfach im **body-Element** einfügen.

Übernehmen Sie nun die Anordnung. Ich empfehle Ihnen hierbei, alles von Hand abzutippen, da es damit wesentlich besser funktioniert, die einzelnen Tags in Erinnerung zu behalten. Denken Sie sich ein Thema aus, welches Ihre Website haben soll. Erstellen Sie eine Hauptüberschrift und ein paar Unterüberschriften und füllen Sie diese mit Text, in welchem Sie wichtige Dinge hervorheben. Versuchen Sie, alles Gelernte anzuwenden. Wenn Sie das head- und das body-Element zu Ihrer Zufriedenstellung gefüllt haben, speichern Sie die Datei und lassen Sie sich diese anzeigen.

Sie haben nun Ihre erste Website erstellt, welche so veröffentlicht werden könnte. Das Ergebnis sieht natürlich nicht aus wie eine professionell gestaltete Website, aber bedenken Sie dabei, dass Sie mit diesem Wissen schon eine kleine Website für private Zwecke oder einen Blog führen könnten, wenn Sie das wollten.

Nun wäre es schön, man könnte in die Textlandschaft ein paar anschauliche Grafiken oder in den

Reisebericht ein paar ansprechende Bilder einfügen, um die Website schöner und interessanter zu machen. Zum Glück ist auch das mit HTML kein großes Problem.

WIE FÜGE ICH EIN BILD ZU MEINER WEBSITE HINZU?

HTML bietet hier zwei Möglichkeiten: Sie können entweder ein Bild, welches sich auf Ihrem Computer befindet, einbinden, oder ein Bild aus dem Internet wählen, welches auf Ihrer Seite angezeigt werden soll. Die Einbindung von Bildern aus dem Internet funktioniert ähnlich wie die Einbindung eines Links, welcher zu einem Bild aus dem Internet führt. Möchten Sie also ein Bild aus dem Internet einfügen, so würde das in HTML folgendermaßen aussehen:

```
<img src="Adresse der Grafik">
```

Um eine Grafik darzustellen, nutzen wir das
<img> Element. Dieses hat das Attribut „src", was kurz
für „source", also Quelle, ist. Gibt man nun in den Anführungszeichen einen gültigen Link zu einem Bild aus
dem Internet an, so wird dieses auf Ihrer Website erscheinen. Es sollte noch einmal angemerkt werden,
dass das **img-Element** nur aus einem Tag besteht und
keinen Endtag benötigt, da es keinen Inhalt umfasst,
welcher markiert werden müsste.

Probieren Sie nun, ein Bild aus dem Internet auf
Ihrer Website zu integrieren, Versuchen Sie, dabei
auch zu testen, wie das Bild mit den anderen bisher gelernten Anweisungen interagiert.

Nun gehen wir davon aus, Sie haben selbst ein
Bild, welches Sie gern auf Ihrer Website integrieren
würden. Sie müssen nun also Ihrem HTML-Code erklären, wo es dieses Bild findet. Hierbei ist es wichtig
zu wissen, wo sich Ihr HTML-Dokument im Vergleich
zum Bild, welches Sie verwenden wollen, befindet.
Wären die beiden im selben Ordner, so könnten Sie das
gewünschte Bild mit seinem vollständigen Dateinamen einbinden:

```
<img src="beispiel.png">
```

Da Sie keine weiteren Angaben gemacht haben, würde
der Browser nun im selben Ordner nach einer Datei

mit dem Namen „beispiel.png" suchen und diese auf Ihrer Website darstellen. Ist das Bild nicht in diesem Ordner oder konnte es nicht geladen werden, so wird Ihnen das – je nach Browser – unterschiedlich symbolisiert. Nehmen Sie eine beliebige Bilddatei und legen Sie diese im Ordner ab, in welchem sich auch die HTML-Datei befindet. Schreiben Sie den zugehörigen Code in Ihre Datei und führen Sie sie aus. Falls Fehler auftreten, überprüfen Sie, ob der Name der Datei auch genau dem entspricht, was Sie angegeben haben, und dass die Dateiendung mit der Endung, welche Sie angegeben haben, übereinstimmt.

Nun haben wir aber nicht umsonst einen Ordner mit dem Namen „images" angelegt. In diesem Ordner wollen wir, um den Überblick über unsere Dateien zu behalten, alle Bilder, welche wir auf unserer Website verwenden wollen, abspeichern.

Verschieben Sie nun das Bild in den dafür vorgesehenen Ordner. Versuchen Sie, die HTML-Datei noch einmal auszuführen. Sie werden merken, dass das betreffende Bild nicht mehr angezeigt wird, was logischerweise daran liegt, dass die Datei sich nicht mehr im selben Ordner wie die HTML-Datei befindet. Wenn Sie jetzt auf die Datei zugreifen wollen, müssen Sie folgendermaßen vorgehen:

```
<img src="images/beispiel.png">
```

Wenn nun die betreffende Datei gesucht wird, so geht der Dateipfad vom Ursprung, also unserem HTML-Dokument, in den Ordner „images" und sucht nun dort nach dem Bild mit dem betreffenden Namen.

Verändern Sie Ihren Code nun so, dass das Bild wieder angezeigt wird und fügen Sie noch weitere Bilder hinzu. Sie können zum Üben auch noch mehr Ordner erstellen und versuchen, den Code dementsprechend anzupassen. Nun können wir einfache Bilddateien einfügen, aber vielleicht wollen wir auf unserer Website auch ein anschauliches Video zeigen, dass wir entweder im Internet gefunden oder sogar selbst erstellt haben. Oder wir wollen eine Audiodatei einbinden, welche der Nutzer abspielen kann.

WIE KANN ICH EIN VIDEO- ODER EINE AUDIODATEI EINBINDEN?

In der Vergangenheit war HTML nicht in der Lage, Bilder oder Videos überhaupt einzubinden. Dies war auch für lange Zeit nicht notwendig, da das Internet sowieso nicht schnell genug war, um die entsprechenden Datenmengen zu laden. Heutzutage ist das völlig normal und daher hat HTML mittlerweile einfache Wege, um solche Dateien einzubinden. Ähnlich wie bei den Bildern wird auch hier wieder das **src-Attribut** verwendet. Die Verlinkung der Datei funktioniert also genau wie bei den Bildern auch. Tatsächlich könnten auch hier wieder Videos aus dem Internet verlinkt werden, wie wir es bei den Bildern auch getan haben.

Hierbei ist aber etwas Wichtiges zu erwähnen: Die meisten Plattformen haben einfache Einbindungen für Videos, das bedeutet, dass ein YouTube-Video sehr einfach über Code eingebunden werden kann, den YouTube schon für Sie bereitstellt. Das bedeutet, dass Sie ohne Probleme ein YouTube-Video auf Ihrer Seite implementieren könnten. Insofern Sie dies tun wollen, empfehle ich Ihnen, sich darüber im Internet zu informieren und es dann einfach selbst auszuprobieren. Eine einfache Verlinkung zu einem schon vorhandenen Video analog zu der Art und Weise, wie wir ein schon im Internet existierendes Bild eingebunden haben, wird in den meisten Fällen nicht funktionieren.

Der Browser akzeptiert nur sehr bestimmte Dateiformate und hat noch andere Regularien, mit welchen wir uns nicht näher beschäftigen wollen. Sollten Sie ein eigenes Video einbinden wollen, so erkundigen Sie sich vorher im Internet darüber, welche Dateiformate Ihr Browser unterstützt und konvertieren Sie Ihre Videodatei in ein solches Format. Sollten Sie nicht wissen, wie dies funktioniert, so wird auch hier eine Suchmaschine schnell die Lösung bringen. Wir werden nun mit der Einbindung des Videos fortfahren und es wird im Weiteren davon ausgegangen, dass es zu keinen Fehlern aufgrund eines ungültigen Dateiformats Ihrerseits kommt. Wollen Sie also ein Video auf Ihrer Seite einbinden, so wird dies folgendermaßen getan:

```
<video   src="videos/gültige-datei.gültige-forma-
tierung" controls>
    <p> Entschuldigen Sie, das Video funktioniert lei-
der nicht </p>
    </video>
```

Sie sehen, dass das Element <video> dem Element <img> sehr ähnelt. Auch hier können Sie das „videos/" zunächst weglassen und das Video im selben Ordner speichern. Dann können Sie es im „videos" Ordner speichern und es von dort aufrufen. Ein entscheidender Unterschied zur Implementierung von Bildern ist allerdings, dass am Ende des Tags noch „controls" angegeben wird. „Controls", oder im Deutschen „Steuerung", gibt in diesem Fall an, dass die standardmäßige Steuerung des Browsers für Videos angewandt wird. Das bedeutet in den meisten Fällen, dass das Video gestoppt und gestartet werden kann und dass der Ton des Videos regulierbar ist. Lassen Sie diese Anweisung weg, haben Sie keine Kontrolle mehr über das Video, was ungünstig wäre. Ein weiterer Unterschied zur Implementierung von Bildern ist der Absatz in der Mitte des **video-Elements.** Dieser Text wird angezeigt, wenn der Browser, den Sie verwenden, die Videodatei nicht unterstützt. Sie können hier einen Link zum Download der Datei anbieten oder einen Link zu einer anderen Seite mit demselben Video. Alternativ können Sie natürlich auch kurz beschreiben, was man in dem Video für Informationen erhalten hätte.

Es gibt auch noch andere Features außer „control", die die Darstellung eines Videos im Browser verändern können. Es gäbe zum Beispiel:

Die Features **width** und **height,** also die Breite und die Höhe. Wichtig ist hierbei, dass das Video sein Verhältnis zwischen Höhe und Breite behält. Wenn die von Ihnen gewählte Höhe und Breite nicht zum Video passen, wird sich das Video automatisch der Breite anpassen und in der Höhe den übrigen Platz mit Balken füllen. Man kennt ähnliche Balken von älteren Fernsehern. Bei diesen Features braucht man natürlich eine Eingabe. Man schreibt also z. B.:

width="400"

Das Feature **autoplay.** Diese Funktion sorgt dafür, dass das Video sofort anfängt abzuspielen, selbst wenn der Rest der Seite gerade noch lädt. Zusätzlich kann über das Feature **loop** erreicht werden, dass das Video nach seinem Ende wieder von vorn anfängt.

Das Feature **muted** sorgt dafür, dass das Video sofort abgespielt wird, aber ohne Ton.

Das Feature **poster** wird benutzt, um ein Bild festzulegen, welches angezeigt wird, bevor das Video gestartet wird. Hier muss wie auch bei der Höhe und Breite eine Eingabe getätigt werden. Sie implementieren das Bild ohne das **src-Attribut**, sondern schreiben den Dateinamen oder den Dateipfad zum Bild direkt in die Anführungszeichen. Die verschiedenen Features können mit Leerzeichen einfach hintereinander geschrieben werden. Vielleicht wollen Sie gar kein Video einbinden, sondern nur eine Audiodatei und auch hierfür hat HTML eine passende Lösung. Das <audio> Element funktioniert sehr ähnlich wie das <video> Element. Ein Beispiel:

```
<audio src="beispiel.mp3" controls>
<p> Entschuldigen Sie, die Audiodatei kann nicht abgespielt werden</p>
</audio>
```

Auch hier wird wieder eine Quelle angegeben und die „controls" des Browsers benutzt. Außerdem wird auch hier wieder ein Text angegeben, der angezeigt wird, wenn die Datei nicht funktionieren sollte. Versuchen Sie nun, wenn Sie die Möglichkeit haben, Video- und Audiodateien sowie Bilder einzufügen, Ihre

Website mit diesen zu gestalten. Sie haben nun eine große Auswahl an Möglichkeiten und können mit diesen schon eine sehr anschauliche Webseite gestalten, welche für viele Zwecke geeignet ist.

Nehmen Sie sich nun ein wenig Zeit und gestalten Sie, wenn Sie das nicht schon haben, eine komplette Website. Versuchen Sie, ein Thema zu finden, was Sie interessiert oder worüber Sie Auskunft geben wollen, und erstellen Sie eine komplette Website mit den aufgezeigten Möglichkeiten. Versuchen Sie zu Übungszwecken, alle gelernten Sachen anzuwenden und zu implementieren. Wenn Sie sich bei einem Thema nicht sicher sind, nehmen Sie sich noch einmal die Sektion in diesem Ratgeber vor oder bemühen Sie das Internet. Wenn Sie zufrieden sind mit Ihrer Website, können Sie in den folgenden Kapiteln Ihre Website fertig für das Internet machen und Sie dann, falls Sie das wollen, veröffentlichen.

DIE EINTEILUNG MIT DEM DIV-ELEMENT

Wenn Sie auf eine beliebige Internetseite gehen und den Quelltext untersuchen, so werden Sie sehen, dass die allermeisten Seiten sehr viele **div-Elemente** enthalten. Dieses Element ist für Unterteilungen gedacht.

Eigentlich hat HTML viele solcher Elemente, mit welchen man seine Seite in mehrere Sektionen unterteilen könnte. Da man in das **div-Element** jedes andere Element einfügen kann und man über andere Wege die einzelnen **div-Elemente** voneinander unterscheiden kann, hat es sich durchgesetzt, nur dieses Element zu verwenden. Es gibt mehrere Vorteile dieser Strukturierung. Sie können klare Abschnitte, welche zusammengehören, in Ihrem HTML-Dokument definieren, was ab einer gewissen Größe des Dokuments auch notwendig sein wird, da diese sonst unübersichtlich werden. Sie können sogar in einem **div-Element** weitere **div-Elemente** platzieren, was zu einer weiteren Unterteilung und noch höherer Übersicht führt. Dies ist nicht nur möglich, sondern wird auch genauso praktiziert.

Gehen Sie auf eine beliebige Website, drücken Sie die rechte Maustaste und wählen Sie Element „untersuchen". Sie werden nun das HTML-Dokument sehen und können sich einmal ein wenig durch die verschiedenen Sektionen klicken. Sie werden übrigens an einem gewissen Punkt im Dokument starten. Dies wird der Punkt sein, an welchem Sie die rechte Maustaste gedrückt haben. Wollen Sie also beispielsweise wissen, wie ein Bild implementiert wurde, so klicken Sie auf diesem Bild die rechte Maustaste und untersuchen Sie die Quelle. Sie werden direkt dort landen, wo das Bild definiert wurde, oder in einem übergeordneten **div-**

Element, welches Sie nur weiter öffnen müssen, um zum Bild zu gelangen.

Dieses Element bietet den weiteren Vorteil, dass es das Formatieren mit CSS, über welches wir später noch mehr erfahren, sehr einfach macht. Das bedeutet, dass es einfacher ist, seinen Inhalt in diese Elemente einzuteilen, um dann auf diese Elemente zuzugreifen, wenn man mit dem Inhalt noch etwas anstellen will. Das **div-Element** selbst hat einen Starttag und einen Endtag und hat von sich aus keinerlei Auswirkung Ihrer Website.

Sollten Sie schon Inhalte auf Ihrer Website haben, welche Sie klar trennen wollen, so ist es am besten, wenn Sie diese jetzt schon in **div-Elementen** unterbringen. Es wird sich später als nützlich erweisen und kann Ihnen schon jetzt bei der Strukturierung Ihres Dokuments behilflich sein.

WIE MACHE ICH MEINE WEBSITE BENUTZERFREUNDLICHER?

Es gibt sehr viele Wege, eine Website benutzerfreundlicher zu machen. Zunächst sollte klar sein, dass man sich bei einer Website mit sehr viel Text Gedanken über die Lesbarkeit für den Benutzer der Website machen sollte. Man sollte also die gelernten Anweisungen nutzen, um gute Überschriften und Absätze zu erstellen, welche den Lesefluss steigern und die Website generell schöner gestalten. Hierfür können Sie alles Gelernte anwenden, nur sollte gesagt sein, dass mehr nicht immer äquivalent zu besser ist.

Über die Möglichkeit zur Verlinkung können Sie sehr gut Quellen für Ihre Seite angeben, sollte es sich bei Ihrer Seite um einen Sachtext oder Ähnliches handeln. Sie geben dem Leser so die Möglichkeit, nachzuvollziehen, worauf Sie sich stützen.

Sollte Ihre Seite nicht ein Thema behandeln, bei welchem man Quellen erwartet, so kann es dennoch sinnvoll sein, am Ende des Textes weitere Seiten zu verlinken, welche Sie für den Leser für nützlich halten. Sie können auch innerhalb des Textes auf andere Seiten verweisen, sollten Sie beispielsweise eine Studie zitieren oder über den Inhalt einer anderen Website schreiben.

Sie können auch bei Bildern, Videos oder Audiodateien noch Optimierungen vornehmen. Diese werden ähnlicher Natur sein, wie die Beschreibungen, welche wir bei den Videos eingefügt haben, im Falle dafür, dass diese beim Nutzer nicht angezeigt werden können. Bisher haben wir das für Video- und Audiodateien erledigt, daher werden wir uns nun mit den Bildern beschäftigen. Bisher sah der Code für die Implementierung eines Bildes so aus:

```
<img src="images/beispiel.png">
```

Hier wird nun mit dem Feature „alt" eine „Alt"ernative angeboten, welche angezeigt wird, wenn das Bild nicht angezeigt werden konnte. In den meisten Fällen wählt man hier eine passende Beschreibung des zugrundeliegenden Bildes. Dies begründet sich darin, dass der Text in diesem Feature auch von Programmen ausgelesen wird, welche Blinde benutzen, um im Internet unterwegs zu sein. Bei diesen Menschen wird das Bild vermutlich angezeigt werden, aber sie können damit wenig anfangen. Dank Ihrer Alternative fehlt diesen Menschen allerdings trotzdem keine Informationen, um Ihre Seite zu verstehen. Eine komplette Implementierung könnte nun so aussehen:

```
<img
src="images/beispiel.png"
alt="Ein Bild von einem Beispiel"

>
```

Dieser Text kann öfter gebraucht werden, als Sie vielleicht denken. Es gibt etliche Gründe, warum ein Bild nicht angezeigt wird oder werden kann. Das kann z. B. daran liegen, dass bei der Implementierung ein Fehler unterlaufen ist oder dass jemand Ihre Seite auf dem Handy öffnet und wegen der Datenmenge das Laden von Videos und Bildern deaktiviert hat.

Sie können auch noch ein **title-Attribut** zu Ihrem Bild hinzufügen. Wenn Sie das tun, wird der Titel angezeigt, wenn jemand mit der Maus über dem Bild stehen bleibt.

Vergessen Sie bei diesen Implementierungen allerdings nicht, dass Sie sich nicht wiederholen sollten und dass wichtige Informationen lieber im Haupttext stehen sollten, da dieser immer zur Verfügung steht. Sie können auch einen Untertitel zu Ihrem Bild hinzufügen. Damit der Browser und auch andere Programme verstehen, dass der Untertitel zum Bild gehört, müssen wir allerdings etwas mehr Aufwand betreiben. Wir müssen die beiden Elemente <figure> und <figcaption> benutzen. <figure> ist hierbei ein Element mit Starttag und Endtag, welches alles beinhaltet, was wir zuvor geschrieben hatten. <figcaption> hat auch einen Start- und einen Endtag und ist Inhalt des <figure> Elements. Es wird allerdings als allerletztes in den Code geschrieben, da es keine Information ist, die mit der Ausrichtung des Bildes zu tun hat. Hier ein Beispiel:

```
<figure>
<img
src="images/beispiel.png"
alt="Ein Bild von einem Beispiel"
```

```
>
<figcaption> Aufgenommen 1999</figcaption>
</figure>
```

Wichtig ist hierbei noch, dass die Untertitel nicht den gleichen Inhalt haben sollten wie der „alt"-Text. Wenn das Bild nicht dargestellt werden würde, wäre der Text zweimal angezeigt und wenn eine blinde Person die Seite vorlesen lassen würde, würde der Text zweimal vorgelesen werden. Merken Sie sich, dass der Untertiteltext immer hilfreich sein sollte und eine Bereicherung, egal, ob das dazugehörige Bild lädt oder nicht. Der „alt"-Text hingegen enthält nur Informationen, die es jemandem, der das Bild nicht sehen kann, trotzdem erlauben zu verstehen, was zusehen wäre.

Das **figure-Element** wird nicht nur für Text angewendet werden, sondern auch für Bilder, Videos, Textabschnitte und vieles mehr. Der Vorteil liegt darin, dass es die Formatierung mit komplexeren HTML-Strukturen oder weiterführende Programmen wie CSS oder JavaScript deutlich einfacher macht.

Nun kommen wir zur schwersten Implementierung in diesem Ratgeber: Wir haben nun eine Website, welche Videos und auch Audiodateien enthält. Wenn jemand diese nicht anhören will oder kann, aber trotzdem wissen möchte, was gesagt wird, so bräuchte er Untertitel, wie sie bei Filmen oder auch Videos im Netz immer wieder vorliegen. Um diese zu realisieren, brauchen wir nicht nur HTML, sondern auch WebVTT. WebVTT ist ein Standard, um mit HTML Untertitel zu erstellen. Hierbei werden bestimmte Textstücke an Zeitabschnitte gekoppelt. Ist der entsprechende Zeitabschnitt erreicht, wird der Text vom Anfang von diesem bis zum Ende dargestellt.

Erstellen Sie eine neue Datei und speichern Sie die Datei in dem Ordner mit der HTML-Datei. Achten Sie beim Erstellen der Datei darauf, dass diese die Endung .vtt hat. In dieser Datei wird in der ersten Zeile zunächst in Großbuchstaben WEBVTT geschrieben. Danach wird notiert, von wann bis wann die Untertitel angezeigt werden, der wievielte Untertitel dargestellt wird und was dieser Untertitel ist. Hier ein Beispiel:

```
WEBTVV
1
00:00:00.000 --> 00:00:10.000
Beispiel für die ersten 10 Sekunden.


2
00:00:10.000 --> 00:00:20.000
Beispiel für die Sekunden 10 bis 20.
```

Wenn Sie diese Datei nun beispielsweise zu Ihrem Video hinzufügen wollen, so nutzen Sie hierbei das

<track> Element. Dieses Element sollte als Letztes in Ihrem **video-Element** stehen und hat einige Features, welche an einem Beispiel beleuchtet werden:

```
<video    src="videos/gültige-datei.gültige-forma-
tierung" controls>
    <p> Entschuldigen Sie, das Video funktioniert lei-
der nicht </p>
    <track      src="subtitles.vtt"      kind="subtitles"
srclang="de" label="Deutsch">
    </video>
```

Hierbei wird über „src" das geschriebene Dokument erkannt und eingefügt, „kind" beschreibt, was das Text-Dokument beinhaltet, also Untertitel, Erklärungen etc., „srclang" erklärt dem Browser in welcher Sprache die Untertitel geschrieben sind und „label" ist dazu da, um es den Besuchern Ihrer Website zu ermöglichen, Ihre Sprache herauszusuchen, falls Sie mehrere Sprachen zur Verfügung stellen.

Dies ist nur eine grobe erste Anleitung, um das Grundkonzept zu verstehen. Wenn Sie weitere Fragen haben, mehrere Sprachen implementieren oder wissen wollen, wie Sie es dem Nutzer einfacher machen, auf mehrere Sprachen zuzugreifen, so können Sie dies über die vielen guten Artikel im Internet tun, welche weitere Informationen bereitstellen.

Eine weitere wichtige Sache in allen Programmier- und Auszeichnungssprachen sind die Kommentare. Es gibt immer eine Möglichkeit, einen Kommentar zu hinterlassen, welcher später nichts mit dem, was auf der Website angezeigt wird, zu tun hat. Ein HTML-Dokument kann sehr schnell komplex und unübersichtlich werden. Dasselbe gilt natürlich auch für ein Dokument in jeder anderen Programmier- oder Auszeichnungssprache. Um den Überblick zu behalten und noch später nachvollziehen zu können, warum etwas an der Stelle steht, an der es steht, ist es nützlich, Kommentare einzufügen. So können Sie, wenn Sie etwas ändern möchten, über Ihre Kommentare leicht wieder nachvollziehen, wo Sie für Ihre Änderung ansetzen müssen. Ein Kommentar in HTML sieht folgendermaßen aus:

```
<!-- Kommentar -->
```

Achten Sie darauf, wirklich zwei Spiegelstriche zu verwenden und die exakte Syntax einzuhalten, wenn Sie das nicht tun, wird der Browser Ihren Kommentar nicht als Kommentar erkennen, was unter Umständen schwere Folgen für Ihren Code haben kann.

Sie beherrschen nun die Grundlagen von HTML und können von sich behaupten, eine eigene Website erstellen zu können. Ob das Gelernte für Ihre Zwecke schon genügt oder ob Sie noch mehr lernen wollen, hängt wohl davon ab, was Sie mit Ihrer Website erreichen wollen. Die nächsten Schritte nach HTML werden Ihnen noch in den letzten beiden Kapiteln nahegelegt. Im nächsten Abschnitt geht es nun darum, unsere Seite zu veröffentlichen und Sie darüber aufzuklären, dass Sie vorsichtig sein müssen mit den Inhalten, welche Sie auf Ihrer Website zur Verfügung stellen.

Wie bringe ich meine Website ins Internet und was muss ich dabei beachten?

Bevor Sie sich damit beschäftigen, wie Ihre Website es ins Internet schafft, sollten Sie zunächst ein paar Dinge beachten, um im Nachhinein nicht in Schwierigkeiten zu geraten. Bedenken Sie hierfür zunächst, dass alles, was auf Ihrer Seite zu sehen ist, auch wirklich Ihnen gehört. Wenn Sie ein Bild, ein Video oder Ähnliches auf Ihrer Website darstellen wollen, welches nicht Ihnen gehört, dann müssen Sie wissen, ob Sie die Rechte dafür vielleicht noch erwerben müssen, ob es frei zur Verfügung steht oder unklar ist. Wenn Sie sich nicht sicher sind, ob Sie berechtigt sind, eine Datei zu verwenden, dann verwenden Sie sie lieber nicht, bevor Sie in einen Rechtsstreit geraten. Außerdem sollten Sie niemals auf einer öffentlichen Website über „src" Bilder von anderen Websites einbinden. Sie haben nicht nur nicht die Rechte an diesen Bildern, sondern das

Bild wird über die Website desjenigen geladen, das bedeutet, dass Sie die Website dieser Person durch die Anfrage Ihr Bild anzuzeigen belasten. Dies macht nicht nur die Seite von Ihnen und die Seite, auf welcher das Original ist, langsamer, sondern ist auch illegal. Das Gleiche gilt auch für Videos oder Audiodateien. Sie sollten auch nicht Texte von anderen Seiten einfach übernehmen oder Ähnliches, aber ich denke, dass Ihnen das bewusst ist. Falls Sie beispielsweise ein Bild verwenden dürfen, aber eine Quelle angeben müssen, dann vergewissern Sie sich auch vorher noch einmal, dass alle Quellen vorhanden und korrekt angegeben sind und daher auch zur richtigen Adresse weiterleiten.

Wenn Sie nun Ihre Website ins Internet bekommen wollen, so gibt es sehr viele Wege, das zu tun. Letztendlich werden Sie meistens einen Web-Hosting-Service und eine Domain benötigen. Die Domain ist der Name Ihrer Website, den Sie von einem Anbieter für einen Zeitraum, der theoretisch unendlich lange sein kann, ausleihen.

Der Web-Host-Service bekommt von Ihnen die Daten Ihrer Website und sorgt dann dafür, dass diese für alle erreichbar ist. Um die Daten für Ihre Website von Ihrem Rechner auf den Server des Web-Hosts zu bekommen, werden Sie auch ein FTP, ein File Transfer Protocol, benötigen. Diese sind allerdings leicht in der

Handhabung. Wenn Sie sich mit diesem Weg weiter beschäftigen wollen, so können Sie die einzelnen Begriffe einfach in eine Suchmaschine eingeben und werden weitere Informationen erhalten.

Dieser Weg kostet Geld und ist der professionellste Weg, hat dafür aber auch die meisten Freiheiten und Sie können frei über Ihre Website verfügen. Für die ersten Schritte ist das aber nicht unbedingt notwendig und es gibt einfachere und günstigere Möglichkeiten. Zunächst gibt es komplett kostenlose Möglichkeiten, die eigene Website zu bauen, wie z. B. WordPress oder Google Sites. Diese Anbieter geben Ihnen meistens die Möglichkeiten, Ihre Website komplett kostenlos ins Internet zu stellen, nur sind Sie in der Gestaltung und Bearbeitung Ihrer Website meist stark limitiert. Es könnte also sein, dass Sie schon jetzt oder zukünftig mehr Freiheiten benötigen, als diese kostenlosen Anbieter Ihnen zur Verfügung stellen.

Ein sehr einfacher Weg, um seine Seite ins Internet zu bekommen, ist über GitHub. GitHub ist eine Plattform, die es ermöglicht, seinen Code ins Netz zu bekommen, um ihn zu testen und anderen zu zeigen. Zunächst müssen Sie hierfür einen Account bei GitHub anlegen und den Schritten bis zur Verifizierung Ihres Accounts folgen. Danach müssen Sie ein „repository" erstellen. Der Knopf dafür befindet sich normalerweise direkt oben links, nachdem Sie sich eingeloggt haben. Sie kommen nun in ein Menü, in welchem Sie einige Angaben machen müssen. Unter Repository „name" tragen Sie Ihren Nutzernamen folgendermaßen ein: nutzername.github.io

Wenn Sie das getan haben, klicken Sie noch auf die Box, dass Sie ein README-Dokument haben wollen, und drücken am Ende der Seite auf „erstellen". Sie kommen nun auf einen Bildschirm, der zunächst sehr verwirrend sein kann. Unter dem Reiter „Code", bei welchem Sie sich schon befinden sollten, steht in der Nachricht mit dem Titel „Quick setup..." als Verlinkung „uploading an existing file". Hier können Sie Ihre Website hochladen. Laden Sie hierfür alle nötigen Dateien aus Ihrem erstellten Ordner hoch. Markieren Sie alle Dateien und Ordner, welche sich in dem Ordner mit der index.html Datei befinden und ziehen Sie diese in den vorgegebenen Platz auf der Seite.

Kopieren Sie nicht den Ordner, in welchem sich die index.html Datei befindet, sondern nur den Inhalt! Stellen Sie außerdem sicher, dass die Datei wirklich index.html betitelt ist. Nachdem Sie diese Dateien hochgeladen haben, drücken Sie unten auf den „Commit changes" Knopf und dadurch werden Ihre Dateien hinzugefügt. Nun gehen Sie auf den Reiter „Settings" und scrollen dort die Seite hinunter, bis Sie bei „GitHub Pages" ankommen. Dort wählen Sie bei dem Menü, bei welchem „None" steht, stattdessen „Main" aus und drücken auf den „save"-Knopf. Es wird nun darüber eine blaue Nachricht angezeigt. Diese sagt Ihnen, dass Ihre Seite darauf vorbereitet wird, online zu gehen. Die Nachricht wird dann in den nächsten Minuten grün hinterlegt werden und Ihnen mitteilen, dass man nun auf Ihre Website zugreifen kann.

Dahinter steht dann auch der Link, über welchen man zu Ihrer Website kommt, Sie können diesen nun anklicken und landen bei Ihrer Website. Sie können den Link auch anderen schicken und auch andere Menschen werden auf Ihrer Seite herauskommen. Sie können nun auch zurück auf den Reiter „Code" gehen und Ihren HTML-Code noch verändern, wenn Sie die Datei einfach anklicken. Es können nur Dateien hochgeladen werden, welche kleiner als 25 Megabyte sind. Mit dieser Möglichkeit können Sie Ihre erste Website auf einfachem Wege zur Verfügung stellen. Sie können auch weitere Websites über den exakt selben Weg erstellen.

Sie können nun selbst entscheiden, ob die kostenlosen Anbieter für Ihre ersten Versuche ausreichen oder ob Sie direkt ein wenig Geld in die Hand nehmen möchten, um eine komplett eigene Website zu besitzen.

Wie geht es nach HTML weiter?

EINE WEBSITE MIT CSS GESTALTEN

Cascading Style Sheets können als Erweiterung für HTML bezeichnet werden. CSS ist für die Präsentation Ihrer Website zuständig. Viele Dinge, die früher über HTML hätten getan werden müssen, werden heutzutage über CSS gemacht. HTML und CSS sind dementsprechend kaum noch zu trennen. Über CSS gestalten Sie also das Aussehen Ihrer Website bzw. Sie geben dem Browser mehr Informationen, wie Ihre Website dargestellt werden soll. Tatsächlich nutzt der Browser schon, ohne dass Sie etwas tun, ein wenig CSS, denn ansonsten wären die Links, welche

Sie auf Ihrer Website eingefügt haben, nicht blau, sondern hätten dieselbe Farbe wie auch der restliche Text. Wer sich also weiter mit Webdesign oder Webdevelopment beschäftigen will, der wird an CSS nicht vorbeikommen. Um Ihnen einen kleinen Einblick zu gewähren, was CSS tun kann und wie Sie CSS in Ihre Website einbinden können, werden wir nun Schritt für Schritt ein CSS-Dokument erstellen und Teile Ihrer Website verändern.

Sie brauchen nun eine neue Datei in Ihrem Texteditor. Sie erstellen nun ähnlich wie bei HTML erst einmal ein leeres Dokument in Ihrem Texteditor und speichern es als styles.css in dem Ordner, in welchem sich auch das HTML-Dokument befindet. Nun müssen wir ähnlich wie bei Bildern oder Videos diese .css Datei in Ihr HTML-Dokument einbinden. Dies geht mit folgendem Code:

```
<link
rel="stylesheet"
href="styles.css"

>
```

Das **href-Attribut** haben wir schon mehrfach verwendet, um eine Datei in das HTML-Dokument einzubinden. Das **rel-Attribut** steht für „relationship" und zeigt daher dem Browser, in welcher Verbindung, das angeführte zum HTML-Dokument steht. In unserem Fall weiß der Browser nun, dass wir einen „stylesheet" in unser Dokument einbinden wollen.

Öffnen Sie nun die erstellte Datei und fügen Sie den folgenden Code ein:

```
p {
color: green;
}
```

Speichern Sie und gehen Sie auf Ihre Website. Alle Absätze müssten nun grün sein, falls Sie es nicht sind, so überprüfen Sie Ihren Code noch einmal oder schreiben ihn neu.

Sie sehen also, dass der Nutzen von CSS darin liegt, Elemente auszuwählen und deren Formatierung zu ändern. CSS ist dabei nicht darauf beschränkt, Text zu formatieren. Sie können die Position von Bildern oder Videos auf Ihrer Seite über CSS bearbeiten. Sie können auch festlegen, wo auf einer Seite sich bestimmte Texte befinden sollen. Sie können Ihrer Seite auch einen Kopf und einen Fuß hinzufügen oder eine seitliche Anzeige mit weiteren Informationen. Außerdem wird CSS auch verwendet, um Hintergründe von Seiten zu gestalten. Wollten Sie also beispielsweise ein Bild als Hintergrund für Ihre Seite verwenden, so würden Sie dies über CSS tun.

Eine weitere Nutzungsmöglichkeit wäre die Anpassung an verschiedene Formate. Sie können über CSS die Nutzerfreundlichkeit auf unterschiedlichen Geräten mit unterschiedlichen Displaygrößen verbessern, indem Sie für die unterschiedlichen Geräte andere Informationen vorgeben, welche der Browser verwenden kann.

Erstellen Sie nun einige Elemente in Ihrem HTML-Dokument oder benutzen Sie Ihre bisher erstellten Elemente. Versuchen Sie, diese in verschiedenen Farben darzustellen. Sie können auch testen, was passiert, wenn Sie erst eine Farbe für ein Element festlegen und dann danach dasselbe noch einmal mit einer anderen Farbe tun. Wenn das funktioniert hat und Ihre Seite nun bunt gestaltet ist, können Sie auch noch andere CSS-Anweisungen einbauen. Suchen Sie einfach nach etwas, was Sie gern an Ihrer Website ändern würden. Das kann z. B. die Schriftgröße sein oder dass Sie wollen, dass ein Text an einer anderen Stelle steht. Wenn Sie weiteres Interesse an CSS haben, dann kann ich Ihnen nur empfehlen, ein begleitendes Tutorial im Internet zu suchen, welches Sie an das Thema optimal heranführt.

Die Möglichkeiten von CSS sind gigantisch und wenn man sich eine Liste aller verfügbaren Anweisungen ansieht, so wird dies einen vermutlich überwältigen. Sollten Sie sich für CSS interessieren, so kann ich

Ihnen empfehlen, die Grundlagen über ein Tutorial im Internet zu lernen. Alles Weitere können Sie durch passende Suchanfragen herausfinden, denn Sie werden vermutlich in Ihrem Leben nicht alle Möglichkeiten von CSS benutzen oder lernen, da manche sehr spezifisch sind und daher nicht viele Anwendungszwecke besitzen. Sollten Sie mehrere Seiten erstellen wollen, die alle ähnlich aussehen sollen oder vielleicht sogar miteinander zusammenhängen, dann werden Sie sehen, dass es sehr praktisch ist, nur eine einzige Datei erstellen zu müssen. Diese CSS-Datei kann also auf beliebig viele HTML-Dokumente angewendet werden.

EINE INTERAKTIVE WEBSITE MIT JAVASCRIPT

Wenn die Website, die Sie erstellen, interaktiv sein soll, so wird heutzutage meistens die Programmiersprache JavaScript benutzt. Ein Beispiel, dass die meisten kennen werden, ist die Abgabe eines Kommentars. Sie müssen dafür nicht die Seite neu laden und werden auch nicht auf eine andere Seite weitergeleitet. Ein anderes Beispiel wäre, dass automatisch kontrolliert wird, ob die Angaben, welche Sie in einem Formular auf einer Website angeben, stimmen oder stimmen können. Auch hier sind die Möglichkeiten, welche

JavaScript anbietet, sehr vielfältig und es ist definitiv nicht so einfach überschaubar. Die meisten interaktiven Features, denen Sie auf einer Website begegnen werden, sind mit JavaScript programmiert. Wenn Sie also einen Knopf auf Ihrer Seite integrieren wollen, der gedrückt werden kann, oder Sie Animationen in Ihre Website einbauen wollen, so sollten Sie sich mit JavaScript beschäftigen. Ansonsten können Sie mit HTML und CSS schon viele Projekte umsetzen.

JavaScript ist zwar genau wie CSS und HTML ein Eckpfeiler des Internets, unterscheidet sich aber sehr von diesen. Weder HTML noch CSS sind eine richtige Programmiersprache. Dementsprechend ist es nicht so einfach wie bei HTML oder CSS, sofort einen Fortschritt oder ein Ergebnis zu sehen. Sie sollten also nicht zu schnell frustriert sein, wenn Sie noch keine Erfahrungen mit dem Programmieren haben und der Einstieg in JavaScript schwer erscheint.

Sie sollten zunächst etwas über die Grundlagen des Programmierens und der Programmiersprache JavaScript lernen. Da JavaScript sehr häufig für Websites verwendet wird, ist es nicht unüblich, dass ein JavaScript-Tutorial sich in diesem Bereich bewegt. Suchen Sie sich ein Projekt, was Ihnen zusagt, und bedenken Sie dabei, dass Sie eine Weile brauchen werden, bis Sie alles verstanden haben. Da CSS, HTML und JavaScript kaum voneinander zu trennen sind, werden

Sie dabei wohl oder übel auch mehr über CSS und HTML lernen, was nur zu Ihrem Vorteil ist. Sie sollten sich übrigens nicht vom Namen verleiten lassen. Die Programmiersprachen Java und JavaScript haben weniger miteinander gemeinsam, als die Bezeichnungen vermuten lassen.

Wenn Sie diese letzte Hürde gemeistert haben, können Sie Ihren Wissensschatz immer mehr erweitern, wobei es hier keinen vorgeschriebenen Lernplan gibt. Wenn Interesse besteht, dann suchen Sie spezifisch nach einem Thema, das Sie interessiert, und setzen Sie es in die Tat um. Setzen Sie sich einen zeitlichen Rahmen und bemühen Sie sich, regelmäßig zu programmieren. Denn programmieren lernt man nur wenig dadurch, sich Beispiele anzusehen oder Codes von anderen Nutzern zu studieren. Am besten lernt man zu programmieren, indem man selbstständig versucht, eigene Projekte umzusetzen und durch Ausprobieren letztendlich zum Ziel zu kommen.

Sie lernen nämlich nicht nur neue Möglichkeiten kennen, sondern merken auch, was nicht funktioniert und wie Sie Umwege für diese Probleme finden. Sollten Sie sich etwas Größeres vornehmen, so ist es hilfreich, das Projekt in möglichst kleine Teile zu unterteilen und diese Stück für Stück abzuarbeiten. Vergessen Sie dabei nicht, dass der Code gut geplant sein sollte und dass jeder Code schreiben kann, der für Maschinen verständlich ist. Die Kunst des Programmierens ist es aber, diesen Code auch für Menschen verständlich zu machen.

Herstellung und Verlag:

BoD – Books on Demand, Norderstedt

ISBN: 9783755755098

1. Auflage

Kontakt: Psiana eCom UG/ Berumer Str. 44/ 26844 Jemgum

Covergestaltung: Fenna Larsson

Coverfoto: depositphotos.com